Collection de feu M. A. B...

TABLEAUX

MODERNES

BRONZES DE BARYE

Objets d'Art et d'Ameublement

TABLEAUX MODERNES

BRONZES DE BARYE

Objets d'Art & d'Ameublement

CONDITIONS DE LA VENTE

Elle sera faite au comptant.

Les adjudicataires paieront *17 fr. 50 pour cent* en sus des enchères.

Aucune réclamation pour quelque cause que ce soit ne sera admise après l'adjudication prononcée.

ORDRE DES VACATIONS

Le Lundi 1er Mars 1920

Tableaux . . . . 1 à 63
Aquarelles, Pastel, Dessins. . . . . 64 à 73

Le Mardi 2 Mars 1920

Bronzes de Barye. . . . . 74 à 128
Objets d'Art et d'Ameublement. . . . . 129 à 169

Paris. — Imp. Georges Petit. — 344-19.

CATALOGUE

DES

Tableaux Modernes

PAR

E. BOUDIN, CALS, J.-C. CAZIN, A. DAUCHEZ, A. GUILLAUMIN
J.-B. JONGKIND, H. LEBASQUE, A. LEBOURG
S. LÉPINE, E.-R. MÉNARD, C. MONET, C. PISSARRO, J.-F. RAFFAELLI
A. SISLEY, F. THAULOW, C. TROYON, F. ZIEM, ETC.

AQUARELLES, PASTEL, DESSINS

PAR

A. BESNARD, A. DECAMPS, GAVARNI, E. ISABEY, ETC.

COLLECTION IMPORTANTE

DE

BRONZES DE BARYE

OBJETS D'ART & D'AMEUBLEMENT

DU XVIIIᵉ SIÈCLE

SCULPTURES EN MARBRE ET TERRE CUITE

Bronzes anciens d'Ameublement

MOBILIER DE SALON par JACOB, d'époque Louis XVI

BEAUX MEUBLES D'ÉBÉNISTERIE

En marqueterie du XVIIIᵉ siècle

Provenant de la Collection de feu M. A. B...

DONT LA VENTE AURA LIEU A PARIS

GALERIE GEORGES PETIT, 8, rue de Sèze

Les Lundi 1ᵉʳ et Mardi 2 Mars 1920, à deux heures

COMMISSAIRES-PRISEURS

Mᵉ F. LAIR-DUBREUIL | **Mᵉ HENRI BAUDOIN**
6, rue Favart, 6 | 10, rue Grange-Batelière, 10

EXPERTS

Pour les Tableaux et Bronzes : | *Pour les Objets d'art et les Meubles anciens :*

M. GEORGES PETIT | **M. MARIUS PAULME** | **M. GEORGES B.-LASQUIN**
8, rue de Sèze, 8 | 10, rue Chauchat, 10 | 11, rue Grange-Batelière, 11

EXPOSITIONS

PARTICULIÈRE : *Le Samedi 28 Février 1920, de 10 h. à midi et de 2 h. à 6 h.*
PUBLIQUE : *Le Dimanche 29 Février 1920, de 10 h. à midi et de 2 h. à 6 h.*

TABLEAUX

BOUDIN
(EUGÈNE-LOUIS)
1825-1898.

1

Le Bassin du Commerce à Bruxelles.

A gauche, et à droite, des sloops de pêche amarrés, et, le long des quais, des maisons aux fenêtres étroites. Au fond, une église. Dans l'eau transparente, le ciel gris se réfléchit avec un frissonnement.

Signé à gauche, sur le bord du quai : *E. Boudin, 71.*

Panneau. Haut., 48 cent.; larg., 68 cent.

Collection de Bériot.

BOUDIN
(EUGÈNE-LOUIS)

2

Le Port de Camaret.

Des barques amarrées, des sloops de pêche à l'ancre, des mâts qui se dressent en forêt parmi des cordages, et, à droite, un quai où s'agitent des gens au travail. C'est la fin du jour; le ciel fait papilloter des clartés métalliques à la surface de l'eau.

Signé à droite, en bas : *E. Boudin, Camaret, 78.*

Toile. Haut., 45 cent. ; larg., 65 cent.

Collection Cochery.

BOUDIN
(EUGÈNE-LOUIS)

3

Le Retour des barques.

Les barques de pêche reviennent au port et balancent, sur une mer agitée, leurs voiles gonflées par le vent. Au fond, à droite, un vapeur. Au-devant du ciel bleu s'envolent d'amples nuées ourlées de lumière.

Signé à gauche, en bas : *E. Boudin, 1889.*

Toile. Haut., 90 cent.; larg., 1 m. 30.

BOUDIN
(EUGÈNE-LOUIS)

4

Le Port de Bordeaux.

Au milieu, les vaisseaux sont à l'ancre, le long du quai, et dressent leurs forêts de mâts sous le ciel plein de lumière. A droite, le quai, où des travailleurs sont occupés, puis les maisons de la ville.

Signé à droite, en bas : *E. Boudin, 75.*

Toile. Haut., 63 cent.; larg., 82 cent.

BOUDIN
(EUGÈNE-LOUIS)

5

L'Escaut à Anvers.

Le fleuve large, aux petites vagues agitées; puis, sous un ciel gris ennuagé, la silhouette de la ville aux maisons nombreuses, dominées par le haut beffroi de la cathédrale.

Signé à gauche, en bas : *E. Boudin, Anvers, 71.*

Toile. Haut., 40 cent.; larg., 65 cent.

Collection Louis Bernard.

CALS
(ADOLPHE-FÉLIX)
1810-1880.

6

Maternité.

Assise sur une chaise, une jeune femme allaite son enfant et le contemple avec tendresse. Sur une table, près d'elle, il y a des rougets dans un plat.

Signé à gauche, en haut : *Cals, Honfleur, 1876.*

Toile. Haut., 54 cent.; larg., 46 cent.

Collection du Comte Doria.

CAZIN
(JEAN-CHARLES)
1841-1901.

7

Le Village.

Sur le pré, qui occupe le premier plan, un bûcheron est en train de débiter des troncs d'arbres abattus. Au fond, les maisons du village, dont les toits se dessinent sur l'écran d'un ciel gris.

Signé à droite, en bas : *J.-C. Cazin.*

Panneau. Haut., 23 cent. 1/2; larg., 32 cent 1/2.

CAZIN
(JEAN-CHARLES)

8

Entrée de village.

Une route, et de chaque côté de cette route, des maisonnettes émergeant de nids de verdure et coiffées de tuiles rouges. Le ciel est très gris, avec quelques nuées blanches. Une vive lumière plane sur les maisonnettes.

Signé à gauche, en bas : *J.-C. Cazin.*

Toile. Haut., 46 cent.; larg., 56 cent.

CHENU
(AUGUSTIN-PIERRE-BIENVENU), dit FLEURY
1833-1875.

9

La Neige sur la campagne.

Signé à droite, en bas : *Fleury-Chenu.*

Toile. Haut., 17 cent.; larg., 28 cent.

DAUCHEZ
(ANDRÉ)

10

Plomarch, en Bretagne; village au bord de la mer.

Les maisons du village sont groupées sur le plateau et dominent la mer. De grands arbres dressent sous le ciel clair leurs panaches aux frondaisons dorées. Dans le lointain, on aperçoit des barques à voiles, puis la côte.

Signé à droite, en bas : *André Dauchez.*

Toile. Haut., 73 cent.; larg., 91 cent. 1/2.

GRISON
(FRANÇOIS-ADOLPHE)
1845-1885.

11

Les Joyeux Musiciens.

Ils sont tous deux assis et fument près d'un tonneau sur lequel il y a un pot à boire.

Signé à gauche, en bas : *Grison.*

Panneau. Haut., 22 cent.; larg., 16 cent.

GUILLAUMIN
(ARMAND-JEAN-BAPTISTE)

12

La Route longeant la voie ferrée.

Le long de la voie ferrée, qui s'indique à droite, la route se dessine, et sur elle s'avance une charrette attelée d'un cheval blanc. Cette route est bordée de deux talus verdoyants et marquée par deux rangées d'arbres, qui dressent leurs branches mordorées par l'automne, sous un ciel lumineux, égayé de quelques nuées blondes.

Signé à droite, en bas : *Guillaumin, 81.*

Toile. Haut., 73 cent.; larg., 1 mètre.

Collection Vidal.

GUILLAUMIN
(ARMAND-JEAN-BAPTISTE)

13

La Seine à Bercy.

A gauche, des piétons passent sur les quais bordés de maisons basses, et plantés d'une rangée d'arbres. A droite, la berge occupée par les chantiers de sable, puis la Seine, très bleue, au bord de laquelle sont arrêtés des chalands. Au fond, un pont. Dans le ciel d'azur passent des nuages blancs.

Signé à gauche, en bas : *Guillaumin.*

Toile. Haut., 59 cent.; larg., 73 cent.

Collection Cognacq.

GUILLAUMIN
(ARMAND-JEAN-BAPTISTE)

14

Bords de la Creuse, le matin.

Un sol, aux feuilles rousses, planté de quelques grands arbres; la montagne dressant sa masse au-dessus de l'eau et, dans tout le paysage, des parties de roches ou des frondaisons qui semblent ensanglantées. A gauche, la rivière qui coule, traînant dans ses eaux transparentes l'image réfléchie d'un ciel radieux.

Signé à droite, en bas : *Guillaumin.*

Toile. Haut., 73 cent. 1/2 ; larg., 92 cent.

GUILLAUMIN
(ARMAND-JEAN-BAPTISTE)

15

Crozant, gelée blanche, février 1903.

Les pentes des coteaux sont argentées par la gelée. Les chemins serpentent autour des vallonnements de terrain. A droite, l'eau coule avec de clairs reflets. Un petit pont est jeté sur la rivière. A gauche, le coteau est dominé par quelques maisonnettes. Le ciel est bleu avec des nuées blondes.

Tableau peint en février 1903.

Signé à droite, en bas : *Guillaumin.*

Toile. Haut., 65 cent. ; larg., 81 cent.

GUILLAUMIN
(ARMAND-JEAN-BAPTISTE)

16

Vue de Paris : la Seine et les quais.

La Seine à l'extrémité de l'île Saint-Louis. Le terre-plein planté d'arbres avec quelques bancs, et en contre-bas, la Seine, à l'eau pleine de reflets qui tombent du ciel clair. Des chalands sont amarrés à gauche; à droite, un remorqueur remonte le courant, traînant son train de péniches. Au fond, un pont.

Signé à gauche, en bas : *Guillaumin, 3-75.*

Toile. Haut., 59 cent. 1/2 ; larg., 73 cent.

GUILLAUMIN
(ARMAND-JEAN-BAPTISTE)

17

Le Village sur le coteau.

Derrière un rideau de feuillage on aperçoit, à flanc de coteau,
les maisons groupées du village, petites maisons coiffées de tuiles
rouges ou brunes. A gauche, dans les premiers plans, un sentier
est indiqué, bordé d'une rangée d'arbres, et dessinant une
courbe. Une femme y apparaît debout, portant un enfant dans
ses bras, et en tenant un autre par la main.

Signé à droite, en bas : *Guillaumin.*

Toile. Haut., 46 cent.; larg., 55 cent. 1/2.

GUILLAUMIN
(ARMAND-JEAN-BAPTISTE)

18

Bords du Clain, environs de Poitiers.

Le soleil va se coucher, le ciel est tout empourpré de lumière,
et dans un cadre de feuillages verts auxquels se mêle la silhouette
des maisons du village, la rivière coule, magnifiquement éclairée
des reflets qui tombent du ciel.

Signé à gauche, en bas : *Souvenir du 3 juin 1910, Guillaumin.*

Toile. Haut., 65 cent.; larg., 81 cent.

GUILLAUMIN
(ARMAND-JEAN-BAPTISTE)

19

Ferme à Peschadoire (Auvergne).

A droite et à gauche, les constructions de la ferme, aux
toitures de tuiles brunes. Au fond, deux grands arbres, par quoi
s'indique une entrée de bois. Le ciel est très bleu, avec de claires
écharpes de nuées blanches.

Signé à droite, en bas : *Guillaumin.*

Toile. Haut., 65 cent.; larg., 80 cent. 1/2.

Collection Behrendt.

GUILLAUMIN
(ARMAND-JEAN-BAPTISTE)

20

Cap Sicié, mer de Mistral; février 1911.

Peint en 1911.
Signé à gauche, en bas : *Guillaumin.*

Toile. Haut.. 45 cent. 1/2; larg., 55 cent.

Collection Payen.

JONGKIND
(JOHANN-BARTHOLD)
1819-1891.

21

Les Patineurs à Overschie.

De la neige sur le terrain, de la neige sur le canal glacé, de la neige sur les maisonnettes qui occupent la gauche, derrière une rangée d'arbres, et sur celles que l'on aperçoit, à droite, plus loin qu'un massif d'arbres. Sur la glace, les patineurs s'en donnent à cœur joie, même celui qu'un élan malheureux précipite, les quatre fers en l'air. Au fond, la silhouette d'un beffroi. Au-dessus de ce paysage plane un ciel lumineux dont on aperçoit l'azur derrière une éclatante chevauchée de nuages.
Signé à gauche, en bas : *Jongkind, 1876.*

Toile. Haut., 56 cent.; larg., 82 cent.

Exposition des « Vingt Peintres du XIXe siècle ».
Gravé à l'eau-forte, par V. Focillon, dans le grand ouvrage consacré à cette exposition.

Collection Zoubaloff.

JONGKIND
(JOHANN-BARTHOLD)

22

Le Boulevard des Invalides; effet de neige.

Le large boulevard est triste sous son manteau de neige ; un chariot s'y avance traîné par deux chevaux en flèche. Les arbres qui sont plantés le long des trottoirs semblent lever des bras éplorés. Au fond, le dôme ouaté de neige. Le ciel est gris avec quelques traînées de jour mourant.

Signé à gauche, en bas : *Jongkind, 1879.*

Toile. Haut., 41 cent.; larg., 64 cent.

LEBASQUE
(HENRI)

23

La Seine aux Andelys.

A gauche, la Seine aux eaux transparentes et pleines de reflets, puis, sur la rive opposée, des coteaux aux flancs partagés en cultures. A droite, en bordure de l'eau, un sol verdoyant, planté de grands arbres, où de jeunes femmes et des enfants villégiaturent.

Signé à gauche, en bas : *H. Lebasque.*

Toile. Haut., 73 cent. 1/2; larg., 91 cent.

LEBASQUE
(HENRI)

24

Les Ombrelles sur la plage.

Le soleil inonde la plage et, pour s'abriter, des jeunes filles, en toilettes claires, tiennent au-dessus de leurs têtes leurs ombrelles au décor bariolé. Des enfants jouent dans le sable. Une grande nuée blanche monte dans le ciel bleu.

Signé à droite, en bas : *Lebasque.*

Toile. Haut., 73 cent. 1/2; larg., 92 cent.

LEBASQUE
(HENRI)

25

Sur la plage.

Quelques figures de jeunesses élégantes, debout ou assises sur la plage, parmi les guérites. Leurs costumes aux couleurs vives se détachent sur un fond de mer ensoleillée.

Signé à droite, en bas : *Lebasque.*

Toile. Haut., 5o cent.; larg., 64 cent. 1/2.

LEBOURG
(ALBERT)

26

Le Pont sur l'Allier
à Pont-du-Château; hiver 1887.

A gauche, le pont de pierre aux arches trapues que traverse une charrette attelée de deux chevaux. A droite, la rivière qui charrie quelques glaçons. Au fond, la campagne, puis la montagne, couvertes de neige. Dans le ciel gris passent, à droite, quelques reflets fauves.

A l'extrémité du pont, une maison surgit dans la campagne, au milieu de la neige.

Signé à droite, en bas : *A. Lebourg.*

Toile. Haut., 61 cent.; larg., 1 m. 10.

Exposition Albert Lebourg (1918), n° 131.

LEBOURG
(ALBERT)

27

Le Bac à la Bouille, soleil couchant.

A gauche, les maisons sont alignées le long du quai. Des barques balancent leurs voiles au-dessus du fleuve. Au premier plan, le bac va aborder, chargé d'un chariot attelé de six chevaux. Et, dans le ciel, il y a toute la féerie des nuées de feu roulant devant le ciel d'azur, et faisant papillonner de fauves reflets à la surface de l'eau.

Signé à gauche, en bas : *A. Lebourg.*

Toile. Haut., 75 cent.; larg., 1 m. 20.

LEBOURG
(ALBERT)

28

Rouen; vue des quais et de la Seine au soleil couchant.

Le long de la berge, des péniches sont amarrées occupant un coude que fait le fleuve. Sur le quai, à droite, les maisons s'alignent dominées par les tours de la cathédrale. Au fond, on aperçoit un pont. Le ciel est tout embrasé des derniers feux du jour, et les reflets roses et rouges glissent à la surface de l'eau ou caressent les murailles des maisons.

Signé à droite, en bas : *A. Lebourg, Rouen, 1913.*

Toile. Haut., 73 cent.; larg., 1 mètre.

LEBOURG
(ALBERT)

29

Rouen; le pont Boïeldieu et le faubourg Saint-Sever; soirée d'été.

C'est le soir ; une brume transparente descend du ciel lumineux, comme une poudre d'or. A gauche, le pont arrondit ses vieilles arches au-dessus du fleuve large, tandis qu'un bateau à vapeur remonte le courant. A droite, au fond, tout le faubourg aux maisons serrées, dont les murailles blanches portent des toitures de tuiles grises.

Signé à droite, en bas : *A. Lebourg, Rouen, 1912.*

Toile. Haut., 65 cent.; larg., 1 m. 19.

LEBOURG
(ALBERT)

30

Le Vieux Pont; environs de Rouen.

Dans un décor de saules, au feuillage léger, le vieux pont traverse le fleuve dont les rives sont verdoyantes. A gauche, une lavandière, descendue au bord de l'eau, se livre à son occupation ménagère. Le ciel est bleu avec de larges traînées de lumière qui brodent les nuées.

Signé à gauche, en bas : *A. Lebourg.*

Toile. Haut., 78 cent.; larg., 91 cent.

LEBOURG
(ALBERT)

31

Les Petites Eaux de Robec, à Rouen.

A gauche, un sentier qui longe un étroit cours d'eau, lequel passe sous un petit pont. Au fond, une maison rose très en avant d'un clocher de village. A droite, deux saules sur un terrain qui se relève au bord de l'eau, et derrière un sentier qui suit une pente douce. Le ciel est clair avec quelques nuées dorées par le soleil.

Signé à droite, en bas : *A. Lebourg.*

Toile Haut., 5o cent. 1/2 ; larg., 73 cent.

LEBOURG
(ALBERT)

32

Près la porte de Saint-Cloud,
à la sortie de Paris.

C'est l'hiver, le sol est couvert de neige, et la brume enveloppe les choses. Les personnages qui marchent sur la route sont comme des accents que l'atmosphère imprécise. Dans le ciel, pourtant, une grande lumière fauve s'allume parmi les nuées.

Signé à gauche, en bas : *A. Lebourg.*

Toile. Haut., 54 cent. 1/2 ; larg., 81 cent.

LEBOURG
(ALBERT)

33

Bords du lac de Genève, en automne.

A gauche, le lac aux eaux transparentes ; à droite, la montagne dont on aperçoit les cimes neigeuses entre les branches d'arbres. Au premier plan, du même côté, dans une route en pente douce, un bonhomme fait descendre sa charrette attelée d'un cheval gris. Derrière les gazes blondes des nuées, on devine un ciel d'azur.

Signé à droite, en bas : *A. Lebourg.*

Toile. Haut., 54 cent. ; larg., 8o cent. 1/2.

2

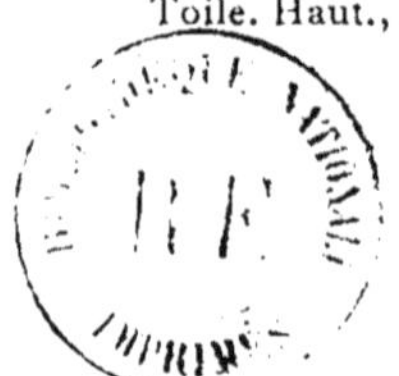

LEBOURG
(ALBERT)

34

La Cathédrale d'Amiens.

Plus loin que la Somme, enserrée entre ses quais, la cathédrale d'Amiens dresse sa masse imposante sous la splendeur d'un ciel d'azur agité que traverse un large arc-en-ciel. A droite · et à gauche, aux premiers plans, des péniches sont amarrées. Dans l'eau, il y a des frissonnements et des reflets.

Signé à gauche, en bas : *A. Lebourg, Amiens.*

Toile. Haut., 5o cent. 1/2 ; larg., 73 cent.

LEBOURG
(ALBERT)

35

Notre-Dame de Paris,
par l'inondation (1910).

Signé à gauche, en bas : *A. Lebourg.*

Toile. Haut., 46 cent.; larg., 76 cent.

LEBOURG
(ALBERT)

36

La Seine à Caumont
près La Bouille (Seine-Inférieure).

Signé à gauche, en bas : *A. Lebourg, 1911.*

Toile. Haut., 46 cent; larg., 73 cent.

LEBOURG
(ALBERT)

37

Gelée blanche; environs de Rouen.

Signé à gauche, en bas : *A. Lebourg, Rouen.*

Toile. Haut., 40 cent. ; larg., 65 cent.

LEBOURG
(ALBERT)

38

L'Avant-port du Havre, 1885.

A droite, des vapeurs à l'ancre, puis les constructions du
port. Sur l'eau agitée, des bateaux. Dans le ciel, de larges nuées
sombres.

Signé à droite, en bas : *A. Lebourg, Le Havre, 1885.*

Toile. Haut., 35 cent. 1/2 ; larg., 65 cent.

LEBOURG
(ALBERT)

39

Soleil couchant sur la Seine, à Bercy.

La Seine, qui reçoit les reflets du ciel incendié, semble couler
une lave d'or en fusion. Le long de la rive, des chalands sont
amarrés. Au fond, on aperçoit l'agglomération de la ville.

Signé à droite, en bas : *A. Lebourg, Paris.*

Toile. Haut., 38 cent. ; larg., 60 cent. 1/2.

LEBOURG
(ALBERT)

40

Bains froids sur la Seine.

L'établissement de bains, peint en vert, est à gauche. Le long de l'autre rive, des péniches sont amarrées, puis, au-dessus du quai, il y a un groupe de maisons dominé par le clocher de Saint-Gervais.

Signé à droite, en bas : *A. Lebourg.*

Toile. Haut., 38 cent. ; larg., 61 cent.

LEBOURG
(ALBERT)

41

Le Petit Bras de la Seine au Bas-Meudon.

Un ciel vieil or, une eau courante avec des reflets profonds ; des arbres à droite et à gauche, et dans le fond, et parmi les frondaisons, quelques toitures de tuiles rouges. Sur l'eau, des barques sont amarrées.

Signé à gauche, en bas : *A. Lebourg, Bas-Meudon.*

Toile. Haut., 43 cent.; larg., 61 cent.

LÉPINE
(STANISLAS)
1835-1892.

42

Une Rue de Montmartre; effet de neige.

Une vieille rue; des murs inégaux qui alternent avec des maisons basses; une chaussée sans trottoirs; et de la neige sur le sol, de la neige sur la crête des murs, de la neige sur les toits. Au premier plan, à droite, non loin d'un bonhomme qui s'avance, deux canards semblent avoir un entretien.

Signé à gauche, en bas : *S. Lépine*.

Toile. Haut., 45 cent.; larg., 54 cent.

LÉPINE
(STANISLAS)

43

Bords de rivière.

Sous un ciel bleu paré de nuées blanches, la rivière coule pleine de clairs reflets, entre des rives plantées de quelques bouquets d'arbres, et qui semblent faites de frondaisons blondes.

Signé à droite, en bas : *S. Lépine*.

Toile. Haut., 38 cent.; larg., 55 cent.

LÉPINE
(STANISLAS)

44

Le Bassin de la Villette, l'hiver.

Le canal est pris; les chalands sont emprisonnés dans la glace ; de chaque côté, les maisons et les magasins apparaissent sous la neige, et les gens, à qui Paris fournit cette sensation de Hollande, s'offrent la joie de patiner et même de tomber par terre.

Signé à gauche, en bas : *S. Lépine*.

Toile. Haut., 46 cent.; larg., 61 cent.

LE SIDANER
(HENRI)

45

L'Escalier.

Au fond d'un jardin planté d'arbres, un étroit escalier donne accès à une terrasse bordée d'un mur, où pendent des lianes aux feuilles rousses.

Signé à droite, en bas : *Le Sidaner.*

Carton. Haut., 41 cent.; larg., 28 cent.

MÉNARD
(E.-RENÉ)

46

Trois Baigneuses sur la plage.

L'eau monte sur la plage abritée, et dans la lumière joyeuse et chaude, trois baigneuses offrent leurs nudités souples à la vague qui roule, brodée d'écume. L'une des baigneuses est debout, les deux autres sont accroupies.

Signé à gauche, en bas : *E.-R. Ménard.*

Toile. Haut., 50 cent.; larg., 73 cent.

MÉNARD
(E.-RENÉ)

47

Baigneuses au bord de la rivière; soir.

Dans le mystère du soir qui descend, deux baigneuses se sont arrêtées au bord de l'eau : l'une est debout dans la rivière, les mains croisées derrière la tête, l'autre est assise sur l'herbe. Leurs chairs reçoivent les derniers reflets du jour qui décline, tandis qu'autour d'elles de grands arbres forment des masses sombres, et que l'azur du ciel met des frissonnements lumineux à la surface de l'eau.

Signé à droite, en bas : *E.-R. Ménard.*

Toile. Haut., 50 cent.; larg., 73 cent.

MONET
(CLAUDE)

48

Les Berges de la Seine à Lavacourt ; neige.

La berge descend en pente douce jusqu'au fleuve, et elle se fond avec le quai sous une parure de neige. A gauche, des constructions rustiques au-devant desquelles quelques arbres sont plantés. De l'autre côté du fleuve, des coteaux, au pied desquels on devine un village avec quelques bouquets de peupliers. Le ciel est clair et strié de quelques nuées à reflets fauves.

Signé à droite, en bas : *Cl. Monet.*

Toile. Haut., 55 cent., larg., 74 cent.

MONET
(CLAUDE)

49

La Pointe de l'Ailly ; marée basse.

A gauche, la falaise, qui dessine une courbe, dresse sa ligne sinueuse sous un ciel que le soleil couchant emplit de clameurs ardentes. Au premier plan, du même côté, une plage découverte. A droite, la mer qui se retire remuant à sa surface des reflets d'or.

Signé à gauche, en bas : *Claude Monet, 82.*

Toile. Haut.. 60 cent. ; larg., 1 mètre.

PISSARRO
(CAMILLE)
1831-1903.

50

Le Pont-Neuf.

Le vieux pont parisien est vu du coin du quai de l'Horloge :
il est tout ensoleillé, et sur son large tablier il y a un grouillement
abondant de piétons, de voitures, d'omnibus, de soldats en
marche, etc. A l'extrémité du pont, les groupes de maisons
s'indiquent entre la rue du Pont-Neuf et les quais, et leurs
façades en pleine lumière sont dominées, à gauche, par la tour
de Saint-Germain-l'Auxerrois, à droite, par des oriflammes
réclames.

Signé à droite, en bas : *C. Pissarro, 1903.*

Toile. Haut., 65 cent.; larg., 81 cent.

PISSARRO
(CAMILLE)

51

La Route de Versailles.

Entre deux rangées de murs et de maisonnettes la route,
plantée d'arbres à droite et à gauche, se développe entre des
trottoirs au sol sinueux, verdissant d'herbe rare. Sur la route,
s'avance une charrette attelée d'un cheval gris. Ciel clair.

Signé à droite, en bas : *C. Pissarro.*

Toile. Haut., 46 cent. ; larg. 55 cent.

·PISSARRO

(CAMILLE)

52

Le Plant des choux ; environs de Pontoise.

Au premier plan, la paysanne est occupée à ses choux. De l'autre côté d'un pré aux cultures diverses, on aperçoit les maisons d'un hameau, au pied des coteaux. Il y a des nuées légères en avant du ciel d'azur.

Signé à droite, en bas : *C. Pissarro, 1882.*

Toile. Haut., 54 cent. ; larg , 65 cent.

PISSARRO

(CAMILLE)

53

Étude à Louveciennes ; hiver.

Des maisons aux toitures en partie couvertes de neige : un ciel clair, mais grisé pourtant par de la brume ; quelques arbres aux branches dépouillées et quelques broussailles roussies par l'automne.

Signé à gauche, en bas : *C. Pissarro, 1872.*

Toile. Haut., 38 cent. ; larg., 55 cent.

RAFFAELLI

(JEAN-FRANÇOIS)

54

Les Pins au cap Martin.

Au premier plan, les pins se dressent au bord de l'eau bleue. Au fond, on aperçoit les stations de la côte d'azur, au pied de la montagne.

Signé à droite, en bas : *J.-F. Raffaelli.*

Toile. Haut., 65 cent. ; larg., 87 cent.

RAFFAELLI
(JEAN-FRANÇOIS)

55

La Ménagère.

C'est une femme âgée, qui s'en va aux provisions, vêtue de ses vêtements tristes, et tenant son cabas à la main. Elle est précédée de son chien qui marche allégrement, en dépit de la neige qui couvre le sol. A gauche, sur la chaussée, on entrevoit un chariot traîné par trois chevaux blancs attelés en flèche.

Signé à gauche, en bas : *J.-F. Raffaelli.*

Panneau. Haut., 62 cent. ; larg., 50 cent.

SISLEY
(ALFRED)
1839-1899.

56

Villeneuve-la-Garenne.

A gauche, le pont en partie suspendu jeté sur la Seine ; au fond, en haut d'une berge verdoyante et ensoleillée, les petites maisons qui détachent leurs coiffures de tuiles brunes sur l'écran du ciel d'azur accentué. A gauche, dans l'ombre de l'arche du pont, une barque montée par trois promeneurs.

Signé à gauche, en bas : *Sisley, 1872.*

Toile. Haut., 50 cent. ; larg., 65 cent.

Collection J.-B. Faure.

Exposition Alfred Sisley (1917).

SISLEY
(ALFRED)

57

L'Été de la Saint-Martin.

Au premier plan, un champ séparé du pré par une barrière rustique. De l'autre côté de la barrière, un hangar, puis des maisonnettes qui apparaissent éclairées, au milieu des branches. Le ciel est gai avec ses transparentes écharpes de nuées.

Signé à gauche, en bas : *Sisley, 74.*

Toile. Haut., 38 cent.; larg., 46 cent.

Collection Cognacq.

SISLEY
(ALFRED)

58

Route de Gennevilliers.

La route se développe entre sa haie d'arbres, et va passer sur un pont suspendu qui traverse le canal de Saint-Denis. Derrière les arbres, à gauche, on aperçoit une bicoque aux volets verts et aux briques rouges. Ciel gris ennuagé.

Signé à gauche, en bas : *Sisley, 72.*

Toile. Haut., 38 cent.; larg., 46 cent.

Collection Cognacq.

SISLEY
(ALFRED)

59

Le Village, à l'orée du bois; effet d'automne.

Des arbres aux branches en partie dénudées, des broussailles roussies, et dans ce décor, dispersées, les maisons d'un hameau. Au fond, le paysage se nimbe de brume, sous un ciel d'azur voilé de nuées.

Signé à gauche, en bas : *Sisley, 72.*

Toile. Haut., 5o cent.; larg., 65 cent.

· Exposition Alfred Sisley (1917).

SISLEY
(ALFRED)

60

Rue à Louveciennes.

Une ruelle étroite, au sol inégal, avec des murs débordant de feuillage. Quelques figures dans la ruelle. Au fond, des arbres dominés par des maisons. Ciel clair.

Signé à gauche, en bas : *Sisley, 75.*

Toile. Haut., 48 cent.; larg., 32 cent.

THAULOW
(FRITS)
1847-1906.

61

Le Pont de Vérone.

Au-dessus d'une eau clapotante, le vieux pont arrondit ses
arches de briques rouges. Au fond, au-dessus du pont, on
aperçoit les maisons aux façades vivement éclairées, puis,
au loin, une montagne. Le ciel est gris avec des transparences
d'azur.

Signé à gauche, en bas : *Frits Thaulow.*

Toile. Haut., 65 cent.; larg., 81 cent.

Collection A. Fouques Duparc.

TROYON
(CONSTANT)
1810-1865.

62

Vache se rendant au pâturage.

La bête, au poil roux, est vue de profil à droite ; elle est
suivie d'un chien noir dont la tête se détourne attentive.
A droite, on entrevoit une paysanne qui va, d'un bâton
énergique, caresser l'échine d'une autre vache.

Signé à gauche, en bas : *C. Troyon.*

Panneau. Haut., 27 cent. ; larg., 39 cent.

ZIEM

(FÉLIX)

1821-1911.

63

Venise.

A droite, au fond, la Dogana et le dôme de Santa Maria della Salute ; à gauche, non loin du Jardin français qui borde le canal, un topo-pêcheur à ligne de fond et des trabacco à l'ancre, dont les voiles semblent des pans de vieil or sur l'écran du ciel bleu. Dans l'eau calme, des reflets glissent en un frissonnement.

Signé à gauche, en bas : *Ziem*.

Toile. Haut., 54 cent. 1/2 ; larg., 85 cent.

Aquarelles, Pastel, Dessins

BESNARD
(ALBERT)

64

La Lecture.

C'est une jeune femme, accoudée sur la main droite, et qui demeure attentive à la lecture d'un livre qu'elle doit tenir de la main gauche. Son corsage est largement ouvert, et découvre, en partie, le côté gauche de la poitrine et de l'épaule.

Pastel.

Signé à gauche, en haut : *A. Besnard.*

Haut., 61 cent.; larg., 5o cent.

DECAMPS
(ALEXANDRE-GABRIEL)
1803-1860.

65

Paysans napolitains.

L'homme est assis sur une pierre et semble admonester un jeune garçon debout près de lui : il écoute gravement. La femme regarde l'enfant avec tendresse.

Aquarelle.

Signée à droite, vers le bas : *Decamps.*

Haut., 23 cent. 1/2 ; larg., 18 cent.

DECAMPS
(ALEXANDRE-GABRIEL)

66

Le Chasseur.

Il est debout, dans la futaie, vu de dos, son fusil à la main, la tête coiffée d'un bicorne.

Lavis de sépia.

Signé à droite, vers le bas : *D. C.*

Haut., 23 cent. 1/2 ; larg., 19 cent.

DECAMPS
(ALEXANDRE-GABRIEL)

67

La Bouillie pour les chiens.

Dessin à la mine de plomb sur papier blanc.

Signé à droite, vers le milieu : *D. C.*

Haut., 11 cent. 1/2 ; larg., 8 cent.

GAVARNI
(SULPICE-GUILLAUME CHEVALIER, dit)
1804-1866.

68

Discussion.

Aquarelle.

Signée à droite, en bas : *Gavarni.*

Haut., 19 cent. 1/2 ; larg., 14 cent 1/2.

GAVARNI
(SULPICE-GUILLAUME CHEVALIER, dit)

69

Le Chat de la mère Michel.

Aquarelle.

Signée à droite, vers le bas : *Gavarni*.

Haut., 20 cent.; larg., 14 cent. 1/2

ISABEY
(EUGÈNE-GABRIEL-LOUIS)
1804-1886.

70

Le Duel.

Les deux adversaires vont croiser le fer, et voici qu'une femme arrive, donnant par son geste des signes d'effroi. Les personnages apparaissent dans le décor d'une salle basse de château féodal, aux murs chargés d'armoiries. A gauche, des étendards sont suspendus au-dessus d'un tombeau.

Aquarelle.

Signée à droite, en bas : *E. Isabey*.

Haut., 22 cent.; larg., 34 cent. 1/2.

LE BLANT
(JULIEN)

71

Dessin pour une illustration.

Du « Chevalier de la Maison-Rouge » d'Alexandre Dumas.

Dessin au lavis d'encre de Chine.

Signé à droite, en bas : *J. Le Blant*.

Haut., 14 cent. 1/2; larg., 19 cent.

MARILHAT
(PROSPER)
1811-1847.

72

Palmiers au bord du Nil.

Aquarelle.

Haut., 24 cent. 1/2 ; larg., 22 cent. 1/2.

ROUSSEAU
(PIERRE-ÉTIENNE-THÉODORE)
1812-1867.

73

A l'orée du bois.

Dessin à l'encre de Chine sur papier blanc vergé.
Signé à gauche, en bas : *Th. R.*

Haut., 12 cent. ; larg., 16 cent.

Collection du Comte Doria.

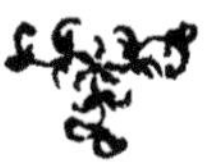

BRONZES

BARYE

(ANTOINE-LOUIS)

1796-1875.

74

Angélique et Roger montés sur l'Hippogriffe.

Bronze patine médaille, épreuve ancienne.
Signé sur la terrasse, en avant, à droite : *Barye.*

Haut., 53 cent.; long., 67 cent.; larg., 20 cent.

BARYE

(ANTOINE-LOUIS)

75

Le Général Bonaparte.

Bronze patine médaille, épreuve ancienne.
Signé sur la terrasse, en arrière, à droite : *Barye.*

Haut., 36 cent.; long., 29 cent.; larg., 11 cent.

BARYE
(ANTOINE-LOUIS)

76

Thésée combattant le Minotaure.

Bronze patine antique, épreuve ancienne.
Signé sur la terrasse, à gauche, en avant : *Barye.*

Haut., 47 cent. ; long., 29 cent. 1/2 ; larg., 16 cent.

BARYE
(ANTOINE-LOUIS)

77

Thésée
combattant le centaure Biénor.

Bronze patine médaille, épreuve ancienne ; socle en marbre.
Signé sur la terrasse, à droite, en arrière : *Barye.*

Haut., 35 cent. ; long., 35 cent.; larg., 11 cent.

BARYE
(ANTOINE-LOUIS)

78

Cavalier tartare arrêtant son cheval.

Bronze patine médaille, épreuve ancienne.
Signé sur le bord de la terrasse, en avant : *Barye.*

Haut., 35 cent. ; long., 32 cent.; larg., 13 cent.

Vente du Docteur Marchand (1912), n° 74.

BARYE
(ANTOINE-LOUIS)

79

Cheval attaqué par un lion.

Bronze patine médaille, épreuve ancienne.
Signé sur le côté droit, en avant : *Barye.*

Haut., 40 cent.; long., 41 cent.; larg , 12 cent. 1/2.

BARYE
(ANTOINE-LOUIS)

80

Charles VII, le Victorieux.

Bronze patine médaille, épreuve ancienne.
Signé sur le côté droit, vers le milieu.

Haut., 30 cent.; long., 23 cent.; larg., 7 cent. 1/2.

BARYE
(ANTOINE-LOUIS)

81

Lion qui marche.

Bronze patine antique, épreuve ancienne.
Signé sur la terrasse, à gauche, en avant : *Barye.*

Haut., 23 cent.; long., 40 cent.; larg., 10 cent.

BARYE

(ANTOINE-LOUIS)

82

Tigre qui marche.

Bronze patine antique, épreuve ancienne.
Signé sur la terrasse, en arrière, à droite : *Barye.*

Haut., 23 cent.; long., 40 cent.; larg., 10 cent.

BARYE

(ANTOINE-LOUIS)

83

Grande Panthère saisissant un cerf.

Bronze patine médaille, épreuve ancienne.
Signé sur la terrasse, en avant, à droite : *Barye.*

Haut., 39 cent.; long., 54 cent.; larg., 24 cent.

BARYE

(ANTOINE-LOUIS)

84

Tigre terrassant une antilope.

Bronze patine médaille, épreuve ancienne.
Signé sur la terrasse, en avant, à droite : *Barye.*

Haut., 35 cent.; long., 53 cent.; larg., 23 cent.

BARYE

(ANTOINE-LOUIS)

85

Cavaliers arabes attaqués par un lion.

Bronze patine médaille, épreuve ancienne.
Signé sur la terrasse, à gauche, en arrière : *Barye*.

Haut., 36 cent. ; long., 37 cent.; larg., 19 cent

BARYE

(ANTOINE-LOUIS)

86

Éléphant écrasant un tigre.

Bronze patine médaille, épreuve ancienne.
Signé sur le bord de la terrasse, en avant, à gauche : *Barye*.

Haut., 23 cent. ; long., 35 cent.; larg., 19 cent.

BARYE

(ANTOINE-LOUIS)

87

Panthère surprenant un zibet.

Bronze patine médaille, socle en marbre.
Signé sur le côté de la terrasse, en avant, à droite : *Barye*.

Haut., 23 cent. 1/2; long., 40 cent.; larg., 16 cent. 1/2.

Vente Maurice Walter.

BARYE
(ANTOINE-LOUIS)

88

Ocelot emportant un héron.

Bronze patine médaille, épreuve ancienne.
Signé sur la terrasse, en arrière, à gauche : *Barye.*

Haut., 17 cent.; long., 32 cent.; larg., 14 cent.

BARYE
(ANTOINE-LOUIS)

89

Cavalier africain surpris par un serpent.

Bronze patine médaille, épreuve ancienne, socle en marbre.
Signé sur la terrasse, en arrière, vers la droite : *Barye.*

Haut., 22 cent.; long., 27 cent.; larg., 16 cent.

BARYE
(ANTOINE-LOUIS)

90

Aigle sur un rocher, les ailes ouvertes.

Bronze patine antique, épreuve ancienne; socle en marbre.
Signé sur le rocher, en avant, à droite : *Barye.*

Haut., 25 cent.; long., 25 cent.; larg., 29 cent.

BARYE

ANTOINE-LOUIS)

91

Lion au serpent, N° 1.

Bronze patine médaille, épreuve ancienne.
Signé sur la terrasse, en arrière, à droite : *Barye.*

Haut., 20 cent.; long., 35 cent.; larg., 18 cent.

BARYE

(ANTOINE-LOUIS)

92

Singe monté sur un gnou.

Bronze patine giroflée, épreuve ancienne ; socle en marbre.
Signé en avant, au bord de la terrasse : *Barye.*

Haut., 23 cent. ; long., 25 cent.; larg., 8 cent. 1/2.

BARYE

(ANTOINE-LOUIS)

93

Cavalier circassien.

Bronze patine giroflée, épreuve ancienne.
Signé sur la terrasse, à l'arrière, à droite : *Barye.*

Haut., 20 cent. ; long., 16 cent.; larg., 7 cent. 1/2.

BARYE

(ANTOINE-LOUIS)

94

Hercule et le sanglier d'Érymanthe.

Bronze patine médaille, épreuve ancienne ; socle marbre.
Signé en avant, sur la terrasse : *Barye.*

Haut., 13 cent. 1/2 ; long., 11 cent ; larg., 7 cent.

BARYE

(ANTOINE-LOUIS)

95

Taureau cabré attaqué par un tigre.

Bronze patine médaille, épreuve ancienne.
Signé sur la terrasse, en arrière, à droite : *Barye.*

Haut., 23 cent.; long., 23 cent.; larg., 10 cent. 1/1.

BARYE

(ANTOINE-LOUIS)

96

Aigle au serpent.

Bronze patine antique, épreuve ancienne ; socle en marbre.
Signé sur le bord de la terrasse, à gauche, en arrière : *Barye.*

Haut., 14 cent.; long., 8 cent.; larg., 23 cent.

BARYE
(ANTOINE-LOUIS)

97

Tigre tuant un gavial, N° 2.

Bronze patine médaille, épreuve ancienne.
Signé sur la terrasse, à gauche, au milieu : *Barye, 1836.*

Haut., 11 cent.; long., 27 cent.; larg., 10 cent.

BARYE
(ANTOINE-LOUIS)

98

Jaguar debout, N° 1.

Bronze patine médaille, épreuve ancienne.
Signé sur la terrasse, au milieu, à droite : *Barye.*

Haut., 13 cent.; long., 19 cent.; larg., 6 cent. 1/2.

BARYE
(ANTOINE-LOUIS)

99

Jaguar qui marche, N° 1.

Bronze patine giroflée, épreuve ancienne.
Signé sur la terrasse, en avant, à gauche : *Barye.*

Haut., 12 cent.; long., 22 cent.; larg., 6 cent. 1/2.

BARYE

(ANTOINE-LOUIS)

100

Jaguar qui marche, N° 2.

Bronze patine médaille, épreuve ancienne.
Signé sur la terrasse, au milieu, à gauche : *Barye*.

Haut., 11 cent.; long., 21 cent., larg., 7 cent.

BARYE

(ANTOINE-LOUIS)

101

Jaguar tenant une tête de cheval.

Bronze patine médaille, épreuve ancienne.
Signé sur la terrasse, en arrière, à gauche : *Barye*.

Haut., 8 cent.; long., 22 cent.; larg., 12 cent. 1/2.

BARYE

(ANTOINE-LOUIS)

102

Panthère couchée.

Bronze patine médaille, épreuve ancienne; socle en marbre.
Signé sur la terrasse, en avant, à droite : *Barye*.

Haut., 7 cent.; long., 18 cent.; larg., 6 cent. 1/2.

BARYE

(ANTOINE-LOUIS)

103

Lion dévorant une biche.

Bronze patine médaille, épreuve ancienne.
Signé sur la terrasse, en arrière, à gauche : *Barye.*

Haut., 14 cent.; long., 31 cent.; larg., 14 cent.

BARYE

(ANTOINE-LOUIS)

104

Lion et lionne sur terrasse.

Bronze patine médaille, épreuve ancienne.
Signé sur la terrasse, en arrière, à droite : *Barye.*

Haut., 12 cent.; long., 17 cent.; larg., 12 cent.

BARYE

(ANTOINE-LOUIS)

105

Ours sur le dos.

Bronze patine médaille, épreuve ancienne.
Signé sur la terrasse, en arrière : *Barye.*

Haut., 13 cent.; long., 20 cent. 1/2; larg., 14 cent. 1/2

BARYE

(ANTOINE-LOUIS)

106

Éléphant d'Asie.

ronze patine médaille, épreuve ancienne.
Signé sur la terrasse, en avant, à gauche : *Barye*.

Haut., 15 cent.; long., 24 cent.; larg., 7 cent.

BARYE

(ANTOINE-LOUIS)

107

Éléphant de Cochinchine.

Bronze patine giroflée, épreuve ancienne.
Signé sur la terrasse, au milieu, à gauche : *Barye*.

Haut., 14 cent.; long., 19 cent.; larg., 7 cent.

BARYE

(ANTOINE-LOUIS)

108

Lion assis, N° 1.

Bronze patine giroflée, épreuve ancienne; socle en marbre.
Signé à l'arrière, à gauche : *Barye*.

Haut., 37 cent.; long., 31 cent.; larg., 15 cent.

BARYE
(ANTOINE-LOUIS)

109

Lionne du Sénégal.

Bronze patine giroflée, épreuve ancienne.
Signé sur la terrasse, au milieu : *Barye*.

Haut., 19 cent.; long., 28 cent.; larg., 8 cent.

BARYE
(ANTOINE-LOUIS)

110

Panthère de l'Inde.

Bronze patine giroflée, épreuve ancienne.
Signé sur le côté, à gauche, en avant : *Barye*.

Haut., 7 cent. 1/2; long., 15 cent. 1/2; larg., 5 cent.

BARYE
(ANTOINE-LOUIS)

111

Famille de cerfs.

Bronze patine médaille, épreuve ancienne.
Signé en avant, sur la terrasse, vers la gauche : *Barye*.

Haut., 23 cent.; long., 13 cent.; larg., 25 cent.

BARYE

(ANTOINE-LOUIS)

112

Cerf aux écoutes.

Bronze patine médaille, épreuve ancienne.
Signé à gauche, vers le milieu : *Barye, 1838.*

Haut., 20 cent.; long., 17 cent.; larg. 6 cent.

BARYE

(ANTOINE-LOUIS)

113

Cerf, la jambe gauche levée.

Bronze patine médaille, épreuve ancienne.
Signé sur la terrasse, à gauche, vers le milieu : *Barye.*

Haut., 20 cent. ; long., 16 cent.; larg., 6 cent.

BARYE

(ANTOINE-LOUIS)

114

Cerf du Gange.

Bronze patine médaille, épreuve ancienne.
Signé sur la terrasse, au milieu : *Barye.*

Haut., 17 cent.; long., 17 cent.; larg., 5 cent.

BARYE

(ANTOINE-LOUIS)

115

Cerf dans les herbes.

Bronze patine médaille, épreuve ancienne.
Signé à gauche, en arrière : *Barye, 1838.*

Haut., 13 cent. 1/2; long., 16 cent. 1/2; larg., 4 cent. 1/2.

BARYE

(ANTOINE-LOUIS)

116

Famille de daims.

Bronze patine médaille, épreuve ancienne, socle de marbre.
Signé sur le côté de la terrasse, à gauche : *Barye.*

Haut., 14 cent..; long., 27 cent.; larg., 10 cent

BARYE

(ANTOINE-LOUIS)

117

Daim debout.

Bronze patine giroflée, épreuve ancienne.
Signé sur la terrasse, en arrière, à droite : *Barye.*

Haut., 16 cent.; long., 14 cent.; larg., 5 cent.

BARYE

(ANTOINE-LOUIS

118

Gazelle d'Éthiopie.

Bronze patine médaille, épreuve ancienne.
Signé sur la terrasse, au milieu, à gauche : *Barye*.

Haut., 10 cent.; long., 10 cent. ; larg., 4 cent.

BARYE

(ANTOINE-LOUIS)

119

Kevel.

Bronze patine médaille, épreuve ancienne.
Signé sur la terrasse, à gauche, au milieu : *Barye*. Poinçon.

Haut., 8 cent. 1/2; long., 11 cent. ; larg., 4 cent.

BARYE

(ANTOINE-LOUIS)

120

Basset, poil long, debout.

Bronze patine médaille, épreuve ancienne.
Signé sur la terrasse, au milieu, à gauche : *Barye*. Poinçon.

Haut., 16 cent.; long., 25 cent. ; larg., 9 cent. 1/2.

BARYE

(ANTOINE-LOUIS)

121

Lévrier couché.

Bronze patine médaille, épreuve ancienne.
Signé sur la terrasse, à l'arrière, vers la droite : *Barye.*

Haut., 7 cent.; long., 26 cent.; larg., 9 cent.

BARYE

(ANTOINE-LOUIS)

122

Dromadaire harnaché, d'Égypte.

Bronze patine giroflée, épreuve ancienne.
Signé à droite, sur le bord de la terrasse : *Barye.*

Haut., 24 cent.; long., 19 cent.; larg., 8 cent

BARYE

(ANTOINE-LOUIS)

123

Dromadaire.

Bronze patine médaille, épreuve ancienne.
Signé sur la terrasse, au milieu, à gauche : *Barye.*

Haut., 15 cent.; long.. 20 cent.; larg., 6 cent. 1/2.

BARYE

(ANTOINE-LOUIS)

124

Cheval demi-sang, tête baissée, N° 2.

Bronze patine antique, épreuve ancienne.
Signé sur la terrasse, en arrière, à droite : *Barye.*

Haut., 11 cent. 1/2; long., 19 cent. ; larg., 6 cent.,.

BARYE

(ANTOINE-LOUIS)

125

Cheval demi-sang, la tête levée, N° 2.

Bronze patine giroflée, épreuve ancienne.
Signé sur la terrasse, à l'arrière, à droite : *Barye.*

Haut., 14 cent.; long., 17 cent. ; larg., 6 cent

BARYE

(ANTOINE-LOUIS)

126

Perruche, les ailes ouvertes, sur un piédouche.

Bronze patine antique, épreuve ancienne.
Signé à droite : *Barye.*

Haut., 12 cent.; larg., 7 cent.

BARYE

(ANTOINE-LOUIS)

127

Deux plaquettes : Aigle au serpent ; Aigle tenant un chamois.

Bronzes patine médaille, épreuves anciennes.

Haut., 10 cent. 1/2; larg., 15 cent.

BARYE

(ANTOINE-LOUIS)

128

Paire de Candélabres.

A quatre lumières, style Charles VII, montés sur griffes, base triangulaire en marbre noir.
Bronze patine médaille.

Haut., o m. 5o.

Objets d'Art et d'Ameublement

SCULPTURES

129 — GROUPE en marbre blanc, de deux enfants, l'un assis, l'autre debout, tous deux demi-nus et drapés. Il repose sur un socle mouluré orné, sur la face, d'un cartouche ornementé, et de marbre de couleur. XVIIIe siècle.

Haut.. 75 cent.

130 — STATUETTE en terre cuite, d'enfant bacchant nu, tenant une coupe et assis sur un tertre, s'appuyant sur une urne renversée. XVIIIe siècle.

Haut., 24 cent.

Voir la reproduction.

Vente Benoist-Méchin, n° 87, 7 mai 1912.

131 — GROUPE en terre cuite présentant deux enfants nus et des attributs guerriers. XVIIIe siècle.

Haut., 22 cent.

Voir la reproduction.

132 — GROUPE en terre cuite, par Pajou. Il est signé : *Pajou invenit F. 1786*, et porte la légende : « Tandis que la beauté folâtre avec l'amour, le temps lui enlève une fleur de sa couronne. »

Esquisse.

Haut., 26 cent.

Voir la reproduction.

Vente après décès de Mme Levaigneur, n° 265, 2 mai 1912.

BRONZES D'AMEUBLEMENT
OBJETS VARIÉS

133 — Vase à deux anses-cariatides et déversoir à tête d'animal, en cuivre. xviie siècle.

Haut., 51 cent.

134 — Grand vase muni d'un couvercle à charnière et de deux anneaux, en cuivre repoussé, décoré par zones de sujets à personnages. Sur le couvercle, rosace godronnée. Ancien travail flamand.
   Socle en bois mouluré et ciré.

Haut., 80 cent.

135 — Paire de vases en ancienne porcelaine de Chine, décorés en dorure sur fond émaillé noir. Collerettes et bases en bronze doré.

Haut., 53 cent.

136 — Écritoire de forme contournée, composée d'un plateau de laque à fond noir sur lequel sont fixés deux godets de porcelaine. Monture en bronze ciselé et doré comprenant, à l'arrière du plateau, un flambeau à deux lumières, fait de branchages fleuris. Époque Louis XV.

Larg., 32 cent.

137 — Paire de chenets en bronze ciselé et doré, présentant chacun une figure d'enfant nu avec attributs, sur des rocailles feuillagées. Époque Louis XV.

Haut., 30 cent.

138 — PAIRE DE BRAS-APPLIQUES à deux lumières, en bronze ciselé et doré, formées de rocailles et feuillage. Époque Louis XV.

Haut., 47 cent.

139 — PAIRE DE BRAS-APPLIQUES à deux lumières, en bronze ciselé et doré, formées d'enroulement de tiges de feuillages se détachant du centre d'un motif vertical. Époque Régence.

Haut., 43 cent.

140 — CARTEL d'applique en bronze ciselé et doré, à motif de cariatides cantonnant le cadran, marqué *Charles Leroy, à Paris*. Le couronnement est fait d'un vase enguirlandé de laurier. Fin de l'époque Louis XV.

Haut., 69 cent.

Voir la reproduction.

141 — FLAMBEAU de bouillotte à trois lumières, en bronze ciselé et doré, à base ajourée, et muni d'un abat-jour mobile sur une tige verticale. Époque fin Louis XVI.

Haut., 54 cent.

142 — PAIRE DE CANDÉLABRES en marbre de couleur et bronze ciselé et doré. Époque Louis XVI. Chacun d'eux est formé d'un vase godronné, en marbre, à collerette, culot et piédouche de bronze doré, duquel s'élève un bouquet de trois branches de lis porte-lumières. Socles moulurés en marbre blanc, ornés de guirlandes de fleurs et contre-socles carrés de même marbre que les vases.

Haut., 78 cent.

Voir la reproduction.

Vente après décès de Madame X..., n° 38, 14 juin 1912.

143 — PAIRE DE CANDÉLABRES à trois lumières, en bronze et cristaux, en forme de lyres disposées au-dessus de flambeaux. XVIII⁰ siècle.

Haut., 75 cent.

144 — **Paire de grands flambeaux** à tige cannelée, et décorés de guirlandes de feuillage. Bases à tore de laurier. Époque Louis XVI.

Haut., 32 cent.

145 — **Deux appliques** à trois lumières, en cuivre argenté et garnies de cristaux.

Haut., 55 cent.

146 — **Lustre** à six lumières, en bronze, orné de cristaux.

Haut., 1 mètre.

147 — **Petit lustre** à quatre lumières, en bronze, orné de cristaux.

Haut., 65 cent.

SIÈGES

148 — **Important ameublement** de salon, en bois sculpté peint, par *Jacob*, d'époque Louis XVI. Décor de rosaces, perles, ruban, piastres, etc. Garniture faite de deux étoffes variées en soie.

Il se compose de :

Deux petits canapés-marquises.

Larg., 92 cent.

Deux fauteuils à dossier rectangulaire.

Larg., 65 cent.

Quatre fauteuils à dossier médaillon.

Larg., 60 cent.

Huit chaises à dossier médaillon.

Larg., 48 cent.

Un certain nombre de ces sièges portent l'estampille de Jacob.

Voir la reproduction.

149 — **Grande banquette** en bois ciré, à pieds tournés et traverses torses, recouverte d'une ancienne tapisserie au point à compartiments d'arabesques et petite bordure d'encadrement.

Long., 1 m. 72 ; larg. 60 cent.

MEUBLES

150 — **Console** de forme contournée, en bois sculpté doré, à motifs de rocailles, feuillage, ruban, palmettes, reposant sur deux pieds réunis par une traverse ornée d'un fruit à graine. Dessus de marbre. Époque Louis XV.

Larg., 1 m. 23.

151-152 — **Paire de meubles** d'encoignure, de forme contournée et cintrée de face, ouvrant à une porte, en marqueterie de bois de couleur à carrelage et bordure à quadrillé avec fleurettes. Dessus de marbre. Époque Louis XV.

Larg., 78 cent.

Voir la reproduction.

153 — **Grande commode** de forme contournée, à deux tiroirs, sur pieds élevés et cambrés, en marqueterie de bois de couleur à fleurs sur ses trois faces. Estampille du maître ébéniste *Wolff*. Dessus de marbre. Époque Louis XV.

Larg., 1 m. 62.

Voir la reproduction.

154-155 — **Paire de meubles** d'encoignure, de forme contournée et cintrée de face, ouvrant à deux portes, en marqueterie de bois de couleur à gerbes de fleurs. Dessus de marbre brèche. Époque Louis XV.

Haut., 76 cent.

Voir la reproduction.

156 — **Commode** de forme contournée, à deux tiroirs, sur pieds élevés et cambrés, en làque décorée en dorure sur fond noir. Elle est ornée de bronzes ciselés et dorés. Dessus de marbre brèche violette. Époque Louis XV.

Larg., 1 m. 1 ².

Voir la reproduction.

157 — **Petit bureau de dame**, forme à dos d'âne, contourné, sur pieds élevés et cambrés, en marqueterie de bois de couleur, présentant sur toutes ses faces des branchages fleuris. L'intérieur est muni de trois petits tiroirs et de compartiments à coulisse. Estampille de *D. Genty*. Époque Louis XV.

Larg., 55 cent.

Voir la reproduction.

158 — **Commode** de forme contournée, sur pieds élevés et cambrés, ouvrant à deux tiroirs, en marqueterie de bois de couleur à motifs de fleurs dans des cartels d'encadrement. Estampille de *A. M. Criaed*. Dessus de marbre. Époque Louis XV.

Long., 1 m. 40.

Voir la reproduction.

159 — **Secrétaire** contourné de face, ouvrant à tiroir, abattant et deux portes, en marqueterie de bois de couleur offrant : sur l'abattant, un trophée d'attributs de la musique, et sur les portes, un vase avec feuillage fleuri, disposés dans des cartouches réservés sur fond de carrelage losangé. Dessus de marbre brèche. Époque Louis XV.

Larg., 91 cent.

Voir la reproduction.

160 — BUREAU scriban (pour écrire debout), de forme rectangulaire, à pieds cambrés réunis par une tablette. Le pupitre
est placé au-dessus d'un tiroir et de deux portes, avec
tiroirs-écritoires sur les côtés. Ce meuble est décoré de
marqueterie à carrelages losangés. Époque Louis XV.

Haut., 1 m. 20 ; larg., 68 cent.

Voir la reproduction.

161 — PETITE TABLE de forme contournée, sur pieds élevés et
cambrés, en bois de placage. Le dessus, s'ouvrant et se
développant, est orné de marqueterie à fleurs et feuillages
en bois debout et découvre un écran. Elle est munie d'un
tiroir sur le côté. Époque Louis XV.

Larg., 48 cent.

Voir la reproduction.

162 — BUREAU dit bonheur-du-jour, de forme droite, à pieds
cambrés, en bois de rose. Il est muni de deux tiroirs et d'un
abattant s'ouvrant à charnière et découvrant des compartiments à glissière. Le dessus présente deux rangées de portes
coulissant à lames brisées. Fin de l'époque Louis XV.

Larg., 96 cent.

163 — SECRÉTAIRE de forme droite, à petits pans coupés, ouvrant
à abattant et deux portes, en marqueterie de bois de couleur
présentant, sur l'abattant, un trophée d'attributs divers, et
sur les portes ainsi que sur les faces latérales, des gerbes
de fleurs. Dessus de marbre brèche. Époque Louis XVI.

Larg., 80 cent.

Voir la reproduction.

164 — PETITE COMMODE forme demi-lune, sur pieds carrés
gaines, ouvrant à deux tiroirs, en marqueterie de bois de
couleur présentant des vases, fleurs et ustensiles divers.
Estampille du maître ébéniste *Ohneberg*. Dessus de marbre.
Époque Louis XVI.

Larg., 65 cent.

Voir la reproduction.

165 — Console d'applique en bois sculpté doré, formée d'une partie cintrée placée entre deux montants à volutes feuilla-gées ; décor d'entrelacs ajourés et guirlandes de laurier. Dessus de marbre. Époque Louis XVI.

Larg., 72 cent.

166 — Console de forme arrondie, à deux pieds fuselés et cannelés, réunis par une traverse ornée d'un vase enguir-landé ; bois sculpté ciré. Dessus de marbre. Époque Louis XVI.

Larg., 78 cent.

167 — Table-bureau s'élevant à crémaillère, dite *Tronchin*, en acajou. Début du xixe siècle.

Long., 1 mètre.

168 — Table rectangulaire à pieds carrés gaines, en marque-terie de bois de placage offrant, sur le dessus, une corbeille de fleurs et, sur les côtés, des tiges ou branches fleuries. Elle est munie d'un tiroir.

Long., 76 cent.

169 — Petite table-vitrine plate, toute en bronze, à pieds carrés gaines reliés vers la base par une entrejambe ornée, au centre, d'une corbeille à bord ajouré. Style Louis XVI.

Long., 74 cent.

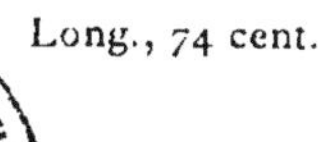